ICS 01.140
A 14
备案号:36944－2012

WH

中华人民共和国文化行业标准

WH/T 50—2012

网络资源元数据规范

Web resources metadata specifications

2012－08－06 发布 2012－12－01 实施

中华人民共和国文化部 发布

图书在版编目(CIP)数据

WH/T 50—2012 网络资源元数据规范/中华人民共和国文化部发布. --北京:国家图书馆出版社,2015.12

中华人民共和国文化行业标准

ISBN 978－7－5013－5756－7

Ⅰ.①W… Ⅱ.①中… Ⅲ.①数字图书馆—数据管理—规范—中国 Ⅳ.①G250.76－65

中国版本图书馆 CIP 数据核字(2015)第 292034 号

书　　名 WH/T 50—2012 网络资源元数据规范
著　　者 中华人民共和国文化部　发布
责任编辑 高　爽　王炳乾

出　　版 国家图书馆出版社(100034　北京市西城区文津街 7 号)
(原书目文献出版社　北京图书馆出版社)
发　　行 010－66114536　66126153　66151313　66175620
66121706(传真),66126156(门市部)
E-mail nlcpress@ nlc. cn(邮购)
Website www. nlcpress. com ——→投稿中心
经　　销 新华书店
印　　装 北京科信印刷有限公司
版　　次 2015 年 12 月第 1 版　2015 年 12 月第 1 次印刷

开　　本 889×1194(毫米)　1/16
印　　张 2.25
字　　数 32 千字

书　　号 ISBN 978－7－5013－5756－7
定　　价 20.00 元

目　次

前　言

本标准按照 GB/T 1.1—2009 给出的规则起草。

请注意本文件的某些内容可能涉及专利。本文件的发布机构不承担识别这些专利的责任。

本标准由中华人民共和国文化部提出。

本标准由全国图书馆标准化技术委员会(SAC/TC 389)归口。

本标准主要起草单位:上海图书馆。

本标准参与起草单位:国家图书馆、黑龙江省图书馆。

本标准主要起草人:赵亮、刘炜、张春景。

本标准参与起草人:胡洁、曲云鹏、王妍、邓小妩、孟巍。

引　言

本标准等效采用都柏林核心元数据计划（The Dublin Core Metadata Initiative，DCMI）发布的《都柏林核心元数据元素集》与元数据对象描述模式（Metadata Object Description Schema，MODS）中的元素。同时参考了科技部科技基础性工作专项资金重大项目“我国数字图书馆标准规范建设”子项目“专门数字对象描述元数据规范”的相关研究成果。

本标准适用于图书情报领域使用，其他专业资源领域可直接或经修订后采用本标准，但其修订须遵循本标准的基本原则与扩展原则。

网络资源元数据规范

1 范围

本标准规定了网络资源的范围,著录对象,著录对象间的关系,在此基础上确立了网络资源元数据规范的元素集及扩展规则,并详细定义了元素及其修饰词。

本标准适用于图书情报领域,其他专业资源领域可直接或经修订后采用本规范,但其修订须遵循本规范的基本原则与扩展原则。

2 规范性引用文件

下列文件对于本文件的应用是必不可少的。凡是注日期的引用文件,仅所注日期的版本适用于本规范。凡是不注日期的引用文件,其最新版本(包括所有的修改单)适用于本文件。

GB/T 2659—2000 世界各国和地区名称代码

GB/T 4880.2—2000 语种名称代码 第2部分:3字母代码

GB/T 7408—2005 数据元和交换格式 信息交换 日期和时间表示法

GB/T 18391.3—2009 信息技术 元数据注册系统(MDR) 第3部分:注册系统元模型与基本属性

GB/T 25100—2010 信息与文献——都柏林核心元数据元素集

DCMI Metadata Terms. [DCMI-TERMS]. DCMI 元数据术语集[DCMI-TERMS]. http://dublincore.org/documents/dcmi-terms/

DCMI Namespace Policy. [DCMI-NAMESPACE]. DCMI 命名域政策[DCMI-NAMESPACE]. http://dublincore.org/documents/dcmi-namespace/

Metadata Object Description Schema. [MODS]. 元数据对象描述模式[MODS]. http://www.loc.gov/standards/mods/

3 术语和定义

下列术语和定义适用于本文件。

3.1

DCMI—都柏林核心元数据计划 DCMI - Dublin Core Metadata Initiative

都柏林核心元数据元素集的维护机构。

[GB/T 25100—2010,定义3.1]

3.2

网络资源 web resource

能通过因特网公开访问,具有网络标识的信息资源。

3.3

元素 element

元数据集合中用于定义和描述数据的基本单元,由一组属性描述、定义、标识,并允许值限定。

3.4

修饰词 qualifier

当元素无法满足对资源对象的精确描述需要时进一步扩展出的术语。

注:修饰词包括两种类型:元素修饰词和编码体系修饰词。

3.5

元素修饰词 element refinement

对元素的语义进行修饰,提高元素的专指性和精确性。

3.6

编码体系修饰词 encoding scheme

用来帮助解析某个术语值的上下文信息或解析规则。其形式包括受控词表、规范表或者解析规则。

3.7

复用 reuse

在元数据应用过程中,对于其他元数据标准中已经有明确定义并适用于本应用领域的元素的直接使用,并在使用时明确标明其地址。

3.8

命名域 namespace

元数据规范正式引用的地址名称,即元数据术语的唯一正式标识符。

3.9

著录规则 description rule

根据一定的目的和使用对象,依据元数据规范(或应用纲要)中给出的术语,对资源的形式特征和内容特征进行描述与揭示时具体的操作规则。

4 网络资源著录

4.1 网络资源的范围

本规范中的网络指国际互联网(Internet),也称因特网。网络资源在广义上指通过国际互联网可以获得的一切信息内容、软件、硬件资源(包括路由器、打印机等)、网络地址等等,本规范中界定的“网络资源”术语指的是在因特网上可以访问的不包括硬件资源在内的一切信息资源。

4.2 著录单位

对网络资源对象进行著录时,其著录单位可有以下四种(但不限于)粒度选择,宜按实际应用需求选取:

1)以网站为一个著录单位;

2)以网站中某个频道或栏目为著录单位;

3)以具体的网页为一个著录单位;

4)以具体的文件为一个著录单位;

4.3 著录对象

在网络上可以访问的、具有网络标识的网络资源均可以作为著录对象。本规范将网络资源的著录对象定义但不仅限为如下类型:

(1)有 URL 的网络资源,包括需要浏览器特定插件或者其他程序支持方可显示的资源,如 PDF 文档、word 文档、PPT 文档、各种多媒体文档等;

(2)在互联网上可公开访问的资源;

(3)各种学术机构的机构库资源。

4.4 著录对象之间的关系

4.4.1 网络资源著录对象之间的关系是网状的,互相可以链接与跳转。网络资源著录的侧重点应在于揭示意义上、内容上的联系。

4.4.2 在对网络资源进行处理时,每个著录对象都应是独立的,对象与对象之间可以链接(单向或多向链接均可),无数个对象与对象之间互相链接体现了整体的网状联系,其内容关系可通过元数据语义得到揭示。

4.4.3 以资源标识符加资源名为查重标准。当两个网络资源的资源标识符与资源名均相同时,这两个资源被认为是同一资源。

5 元素集及扩展原则

5.1 网络资源元素集

网络资源元数据规范共包括 19 个元素,分别是名称、创建者、主题、描述、出版者、其他责任者、日期、类型、格式、标识符、来源、语种、关联、时空范围、权限、版本、馆藏信息、受众和采集地址。如表 1 所示。

表 1 网络资源元数据规范元素列表

元素	元素修饰词	编码体系修饰词	复用标准
名称			dc:title
	交替名称		dcterms:alternative
创建者			dc:creator
主题			dc:subject
		美国国会图书馆标题表(LCSH)	
		医学主题词表(MeSH)	
		杜威十进分类法(DDC)	
		美国国会图书馆分类法(LCC)	
		国际十进分类法(UDC)	

表1　网络资源元数据规范元素列表(续)

元素	元素修饰词	编码体系修饰词	复用标准
		中国分类主题词表(CCT)	
		汉语主题词表(CT)	
		中国图书馆分类法(CLC)	
描述			dc:description
	目录		dcterms:tableOfContents
	摘要		dcterms:abstract
出版者			dc:publisher
其他责任者			dc:contributor
	责任方式		
日期			dc:date
	创建日期	GB/T 7408—2005	dcterms:created
	发布日期	GB/T 7408—2005	dcterms:issued
	修改日期	GB/T 7408—2005	dcterms:modified
	采集日期	GB/T 7408—2005	mods:dateCaptured
类型		DCMI 类型词表(DCMIType)	dc:type
格式		因特网媒体类型(IMT)	dc:format
	范围		dcterms:extent
	媒体	IMT	dcterms:medium
标识符		统一资源标识符(URI); 连续出版物卷期及篇章识别号(SICI); 国际标准书号(ISBN); 国际标准期刊号(ISSN); 数字对象唯一标识符(DOI)	dc:identifier
来源		URI;SICI;ISBN;ISSN;DOI;	dc:source
语种		GB/T 4880.2—2000;RFC4646	dc:language
关联			dc:relation
	包含	URI;SICI;ISBN;ISSN;DOI;	dcterms:hasPart
	包含于	URI;SICI;ISBN;ISSN;DOI;	dcterms:isPartOf
	参照	URI;SICI;ISBN;ISSN;DOI;	dcterms:references
	被参照	URI;SICI;ISBN;ISSN;DOI;	dcterms:isReferencedBy
	后续版本	URI;SICI;ISBN;ISSN;DOI;	dcterms:hasVersion
	版本继承	URI;SICI;ISBN;ISSN;DOI;	dcterms:isVersionOf
	格式转换为	URI;SICI;ISBN;ISSN;DOI;	dcterms:hasFormat
	格式转换于	URI;SICI;ISBN;ISSN;DOI;	dcterms:isFormatOf
	被参照	URI;SICI;ISBN;ISSN;DOI;	dcterms isReferenceBy
	参照	URI;SICI;ISBN;ISSN;DOI;	dcterms:references
	被需求	URI;SICI;ISBN;ISSN;DOI;	dcterms:isRequiredBy
	需求	URI;SICI;ISBN;ISSN;DOI;	dcterms:requires

表 1　网络资源元数据规范元素列表(续)

元素	元素修饰词	编码体系修饰词	复用标准
时空范围		GB/T 7408—2005 GB/T 2659—2000 DCMI Point; DCMI Box; TGN; DCMI Period	dc:coverage
	空间	GB/T 2659—2000 DCMI Point; DCMI Box; TGN	dcterms:spatial
	时间	GB/T 7408—2005 DCMI Period;	dcterms:temporal
权限		URI	dc:rights
版本			mods:edition
馆藏信息		URI	mods:location
	物理地址		mods:physicalLocation
	数字地址	URI	
受众			dcterms:audience
采集地址		URI	mods:originalLocation

5.2　元数据规范的扩展原则

5.2.1　新增加的元素和修饰词须优先采用 DCMI 中采用的元素和修饰词,或者是现有的其他元数据标准中的元素和修饰词,例如 EAD,CDWA 和 PANDORA 等。

5.2.2　新增元素如果复用来自其他元数据标准的元素或修饰词,要求必须说明来源,使用时严格遵守其语义。

5.2.3　在现有的元数据标准中,如果没有十分恰当的元素可供复用,允许自行扩展元素。

5.2.4　自行扩展的元素不能和已有的元素有任何语义上的重复。

5.2.5　扩展的修饰词必须遵循向上兼容原则,即修饰词在语义上不能超出被修饰词(元素)的语义。

6　元素及其修饰词的定义属性

在本标准中,元素名称为小写英文,当名称为两个或两个以上英文单词时,词间应空格,并保证与其他语种的元数据标准(如 DC)应用保持语义一致性;标签为中文,便于人们阅读。

本标准所有元素/修饰词均为非限制性的,如果在特定的项目或应用中使用,可进行必要的扩展,并增加使用说明。本标准中的元素描述及示例中有可能涉及扩展描述。

本标准中的标签只是元素名的一个语义属性,在具体的应用领域,为突出资源的个性和元数据的专指性,更好地体现该元素在具体应用中的语义,允许赋予其适合的标签,但语义上与原始定义不允许有冲突、不允许扩大原始定义的语义。

本标准定义的所有元素与顺序无关。同一元素多次出现，其排序可能是有意义的，但不能保证排序会在任何系统中保存下来。

为了便于理解与使用，每一元素后增加一些示例，说明其具体用法，但元素的使用当不限于示例所举。

为规范元数据标准中元素及修饰词等术语的定义，本标准所有元素术语的定义借鉴 DCMI 术语的定义方法以及 GB/T 18391.3—2009 标准，根据实际使用情况，按表 2 中 14 个方面进行定义。

表 2　网络资源元数据规范术语定义

序号	属性名	属性定义	约束
1	名称(Name)	赋予及术语的唯一标记。	必备
2	出处(Defined By)	一般给出定义术语(特别是给出术语“名称”与“标识符”)的来源名称及来源的 URI。如无来源名称与 URI，也可以是定义术语或维护术语的机构名称。或者也可以是书目引文，指向定义该术语的文献。	必备
3	标签(Label)	描述术语的可读标签。	必备
4	定义(Definition)	对术语概念与内涵的说明。	必备
5	注释(Comments)	关于术语或其应用的其他说明，如特殊的用法等。	可选
6	术语类型(Type of Term)	术语的类型。其值为：元素、元素修饰词和编码体系修饰词。	必备
7	限定(Refines)	在定义元素修饰词时，在此明确指出该术语修饰的元素。一般给出所修饰元素的名称，推荐同时给出 URI。	有则必备
8	元素修饰词(Refined By)	在定义元素时，在此项中给出限定此元素的元素修饰词。一般给出元素修饰词的名称，推荐同时给出 URI。	有则必备
9	编码体系应用于(Encoding Scheme For)	在定义编码体系修饰词时，在此给出该术语修饰的元素。一般给出所修饰元素的名称，推荐同时给出 URI。	有则必备
10	编码体系修饰词(Encoding Scheme)	在定义元素时，如果元素有编码体系修饰词，在此给出编码体系修饰词，一般给出术语的名称，推荐同时给出 URI。	有则必备
11	数据类型(Datatype)	术语允许取值的数据类型。	可选
12	版本(Version)	产生该术语的元数据规范版本。	可选
13	语言(Language)	说明术语的语言。	可选
14	频次范围(Occurrence)	术语使用的频次范围。采用区间的表示方法：[min,max]，同时包括了对必备性和最大使用频次的定义。min =0 表示可选；min =1 表示必须；max =10 表示最大使用频率为 10 次；max =∞ 表示最大使用频次没有限制。	可选
注：上述 14 个属性可以固定取值的： a)版本：1.0； b)语言：缺省为简体中文； c)数据类型：字符串； d)频次范围：一般不限，为[0,∞)，在制订著录规则时应给出实际的范围。			

7 元素及其修饰词的定义

7.1 元素

7.1.1 名称

名称:title

出处:Dublin Core Terms:http://purl.org/dc/terms/

标签:名称

定义:赋予网络资源的名称。

注释:一般指网络资源正式公开的名称。

术语类型:元素

元素修饰词:交替名称(alternative)

示例:

名称:国家图书馆

7.1.2 创建者

名称:creator

出处:Dublin Core Terms:http://purl.org/dc/terms/

标签:创建者

定义:创建资源内容的主要责任者。

注释:创建者的实例包括个人,组织或某项服务。一般而言,用创建者的名称来标识这一条目。宜为创建者名称建立规范档。

术语类型:元素

元素修饰词:责任方式(role)

示例:

创建者:国家图书馆

7.1.3 主题

名称:subject

出处:Dublin Core Terms:http://purl.org/dc/terms/

标签:主题

定义:资源内容的主题描述。

注释:通常,主题用描述资源论题的关键词、关键词词组或分类号表示;最好从受控词表或规范分类法中取值。

术语类型:元素

编码体系修饰词:美国国会图书馆标题表(LCSH);医学主题词表(MeSH);杜威十进分类法(DDC);美国国会图书馆分类法(LCC);国际十进分类法(UDC);中国分类主题词表(CCT);汉语主题词表(CT);中国图书馆分类法(CLC);中国科学院图书馆图书分类法;学科专业目录

示例：

主题：图书馆建筑

编码体系修饰词：CT（汉语主题词表）

7.1.4 描述

名称：description

出处：Dublin Core Terms：http://purl.org/dc/terms/

标签：描述

定义：对资源内容的任何说明。

注释：说明可以包括但不限于摘要、目次表、图示内容说明或内容的自由行文叙述。

术语类型：元素

元素修饰词：目录（table of contents）；摘要（abstract）

示例：

描述：新华网发布的"神舟七号"载人航天飞行现场直播报道，主要包括聚焦神七、文字直播、现场看点、同步快评、图片、视频等相关内容。

7.1.5 出版者

名称：publisher

出处：Dublin Core Terms：http://purl.org/dc/terms/

标签：出版者

定义：使资源成为可以获得并可用的责任者。

注释：出版者的实例包括个体，组织，或服务。一般而言，应该用出版者的名称来标识这一条目。

术语类型：元素

示例：

出版者：国家图书馆

7.1.6 其他责任者

名称：contributor

出处：Dublin Core Terms：http://purl.org/dc/terms/

标签：其他责任者

定义：对资源的内容做出贡献的其他实体。

注释：其他责任者的实例可包括个人、组织或某项服务。一般而言，用其他责任者的名字来标识这一条目。宜为责任者名称建立规范档。具体应用时，宜采用《UNIMARC Manual：Bibliographic Format》中"附录 C：责任关系词代码"（Appendix C：Relator Codes）对"其他责任者"元素进行限定。

术语类型：元素

示例：

其他责任者：国家图书馆国际交流处

7.1.7 日期

名称：date

出处:Dublin Core Terms:http://purl. org/dc/terms/

标签:日期

定义:与资源生命周期中的一个事件相关的时间。

注释:一般而言,日期应与资源的创建或可获得的日期相关。采用的日期格式应符合 ISO 8601 [GB/T 7408—2005]规范,并使用 YYYY - MM - DD 的格式著录。

术语类型:元素

元素修饰词:创建日期(created);发布日期(issued);修改日期(modified);采集日期(date captured)

编码体系修饰词:GB/T 7408—2005

示例:

日期:2010 - 10 - 12

编码体系修饰词:GB/T 7408—2005

7.1.8 类型

名称:type

出处:Dublin Core Terms:http://purl. org/dc/terms/

标签:类型

定义:有关资源内容的特征或类型。

注释:资源类型包括描述资源内容的一般范畴、功能、流派或聚类层次的术语。宜采用来自于受控词表中的值(例如 DCMI 类型词表)。

术语类型:元素

编码体系修饰词:DCMI Type

示例:

类型:collection

7.1.9 格式

名称:format

出处:Dublin Core Terms:http://purl. org/dc/terms/

标签:格式

定义:资源的物理或数字形式。

注释:一般而言,格式可能包括资源的媒体类型或资源的大小,格式元素可以用来决定展示或操作资源所需的软硬件或其他相应设备,其中资源的大小又包括资源所占的存储空间或资源的持续时间(如播放时间)。宜采用来自于受控词表中的值,比如 Internet 媒体类型[MIME]定义的计算机媒体格式。

术语类型:元素

元素修饰词:范围(extent);媒体(medium)

编码体系修饰词:IMT

示例:

格式:大小:4. 3MB

7.1.10 标识符

名称:identifier

出处:Dublin Core Terms:http://purl.org/dc/terms/

标签:标识符

定义:在特定范围内给予资源的一个明确的标识。

注释:对资源的标识宜采用符合某一正式标识体系要求的字符串或数字。例如统一资源标识符(URI),统一资源定位符(URL),数字对象标识符(DOI)和国际标准书号(ISBN))都是正式的标识体系。

术语类型:元素

编码体系修饰词:URI;SICI;ISBN;ISSN;DOI

示例:

标识符:http://www.nlc.gov.cn/

编码体系修饰词:URI(统一资源标识符)

7.1.11 来源

名称:source

出处:Dublin Core Terms:http://purl.org/dc/terms/

标签:来源

定义:对所描述的资源来源的参照或指引。

注释:当前资源可能部分或全部源自于来源元素所标识的资源。对这一资源的标识宜采用一个符合正式标识体系的字符串或数字组合。当缺乏一个总的标识符时,可提供一个地方性质的、自构或衍生的ID。

术语类型:元素

编码体系修饰词:URI;SICI;ISBN;ISSN;DOI

示例:

来源:http://www.xinhuanet.com/

编码体系修饰词:URI(统一资源标识符)

7.1.12 语种

名称:language

出处:Dublin Core Terms:http://purl.org/dc/terms/

标签:语种

定义:描述资源知识内容所使用的语种。

注释:本元素的值宜采用RFC 4646[RFC4646]也可采用DCMI推荐的编码体系GB/T 4880.2—2000。

术语类型:元素

编码体系修饰词:GB/T 4880.2—2000;RFC 4646

示例:

语种:eng

编码体系修饰词:ISO 639—2

7.1.13 关联

名称:relation

出处:Dublin Core Terms:http://purl.org/dc/terms/

标签:关联

定义:对相关资源的指引。

注释:最好使用符合规范标识体系的字符串或数字标识所要指引的资源。

术语类型:元素

元素修饰词:包含(has part);包含于(is part of);版本继承(is version of);后续版本(has version);格式转换于(is format of);格式转换为(has format);被参照(is referenced by);参照(references);被需求(is required by);需求(requires);被替代(is replaced by);替代(replaces);遵循(conforms to);

编码体系修饰词:URI;SICI;ISBN;ISSN;DOI

示例:

(标识符:http://www.nlc.gov.cn/service/ts.htm)

关联.包含于:http://www.nlc.gov.cn/

编码体系修饰词:URI(统一资源标识符)

(资源 http://www.nlc.gov.cn/service/ts.htm 为 http://www.nlc.gov.cn/的部分内容。)

7.1.14 时空范围

名称:coverage

出处:Dublin Core Terms:http://purl.org/dc/terms/

标签:时空范围

定义:资源内容所涉及的时空范围。

注释:时空范围一般包括空间位置(一个地名或地理坐标)、时间区间(一个时间标签,日期或一个日期范围)或者行政辖区的范围(比如指定的一个行政实体)。推荐时空范围最好是取自于一个受控词表(例如地理名称叙词表[TGN]),并应尽可能地使用由数字表示的坐标或日期区间来描述地名与时间段。

术语类型:元素

元素修饰词:空间(spatial);时间(temporal)

编码体系修饰词:DCMI point;GB/T 2659—2000;DCMI box;TGN;DCMI period;GB/T 7408—2005

示例:

时空范围.空间:name = Perth,W.A.;east = 115.85717;north = −31.95301

编码体系修饰词:DCMI point

7.1.15 权限

名称:rights

出处:http://purl.org/dc/elements

标签:权限

定义:与网络资源有关的权利和许可的声明。

注释:一般包括知识产权(IPR)、版权或其他各种权利,如:拥有、租用、访问、裸数据加工等。如果没有权限元素的标注,不可以对与网络资源相关的上述或其他权利的情况作出任何假定。

术语类型:元素

示例:

权限:持卡读者使用

7.1.16 版本

名称:edition

出处:Metadata Object Description Schema:http://www.loc.gov/mods

标签:版本

定义:网络资源的版本信息。

术语类型:元素

示例:

版本:2011 年 9 月 27 日版

7.1.17 馆藏信息

名称:location

出处:Metadata Object Description Schema:http://www.loc.gov/mods

标签:馆藏信息

定义:用来标识拥有网络资源的机构或者获得资源的途径。

术语类型:元素

元素修饰词:物理地址(physicalLocation);数字地址(digitalLocation)

编码体系修饰词:URI

7.1.18 受众

名称:audience

出处:Dublin Core Terms:http://purl.org/dc/terms/

标签:受众

定义:利用网络资源的各类实体。

注释:受众可由作者、出版者、或第三方确定,用以指明资源适用对象的类别或教育水平。

术语类型:元素

示例:

受众:一般读者及学术研究者

7.1.19 采集地址

名称:original location

出处:Metadata Object Description Schema:http://www.loc.gov/mods

标签:采集地址

定义:用来标识网络资源的原始采集地址。

术语类型:元素修饰词

编码体系修饰词:URI

示例:

采集地址:http://www.beijing2008.cn/

7.2 元素修饰词

7.2.1 交替名称

名称:alternative

出处:Dublin Core Terms:http://purl.org/dc/terms/

标签:交替名称

定义:任何可代替正式名称的其他名称。

注释:可以包括缩写的资源名称和翻译的资源名称等。

术语类型:元素修饰词

限定:名称(title)

示例:

名称.交替名称:National Library of China

7.2.2 目录

名称:table of contents

出处:Dublin Core Terms:http://purl.org/dc/terms/

标签:目录

定义:资源内容的子单元列表。

术语类型:元素修饰词

限定:描述(description)

示例:

目录:抗灾重建;灾区现场;各地灾情;焦点关注

7.2.3 摘要

名称:abstract

出处:Dublin Core Terms:http://purl.org/dc/terms/

标签:摘要

定义:资源内容的总结。

术语类型:元素修饰词

限定:描述(description)

示例:

摘要:图书馆是书之渊薮,是读者集中阅读之地、交流之地。有着深厚历史文化积淀、以传承和弘扬中华民族文化为己任的中国国家图书馆,愿以多元、现代、立体的服务,与读者共享知识、共建书香社会。

7.2.4 创建日期

名称:created

出处:Dublin Core Terms:http://purl.org/dc/terms/

标签:创建日期

定义:资源创建的日期。

术语类型:元素修饰词

限定:日期(date)

编码体系修饰词:GB/T 7408—2005

示例:

创建日期:1998-08-28

7.2.5 发布日期

名称:issued

出处:Dublin Core Terms:http://purl.org/dc/terms/

标签:发布日期

定义:资源正式发布(例如出版)的日期。

术语类型:元素修饰词

限定:日期(date)

编码体系修饰词:GB/T 7408—2005

示例:

发布日期:1998-10-28

7.2.6 修改日期

名称:modified

出处:Dublin Core Terms:http://purl.org/dc/terms/

标签:修改日期

定义:资源被修改的日期。

术语类型:元素修饰词

限定:日期(date)

编码体系修饰词:GB/T 7408—2005

示例:

发布日期:2010-06-15

7.2.7 采集日期

名称:date captured

出处:Metadata Object Description Schema:http://www.loc.gov/mods

标签:采集日期

定义:资源被采集的日期。

注释:如果获取日期不同于创建日期,则可以用来表示资源快照(尤其对于动态资源)被提取的日期。

术语类型:元素修饰词

限定:日期(date)

编码体系修饰词:GB/T 7408—2005

示例:

采集日期:2011－07－18

7.2.8 范围

名称:extent

出处:Dublin Core Terms:http://purl.org/dc/terms/

标签:范围

定义:资源的大小或持续时间。

术语类型:元素修饰词

限定:格式(format)

示例:

大小:218M

7.2.9 媒体

名称:medium

出处:Dublin Core Terms:http://purl.org/dc/terms/

标签:媒体

定义:资源的物质载体或组成材料。

术语类型:元素修饰词

限定:格式(format)

编码体系修饰词:IMT

示例:

媒体:multipart/mixed

编码体系修饰词:IMT(因特网媒体类型)[MIME]

7.2.10 包含于

名称:is part of

出处:Dublin Core Terms:http://purl.org/dc/terms/

标签:包含于

定义:所描述的资源是被指引资源物理或逻辑上的一个组成部分。

术语类型:元素修饰词

限定:关联(relation)

编码体系修饰词:URI;SICI;ISBN;ISSN;DOI

示例：

（标识符：http://www. nlc. gov. cn/service/ts. htm）

包含于：http://www. nlc. gov. cn/

编码体系修饰词：URI（统一资源标识符）

（资源 http://www. nlc. gov. cn/service/ts. htm 为 http://www. nlc. gov. cn/的部分内容。）

7.2.11 包含

名称：has part

出处：Dublin Core Terms：http://purl. org/dc/terms/

标签：包含

定义：所描述的资源在物理或逻辑上包含被指引的资源。

术语类型：元素修饰词

限定：关联（relation）

编码体系修饰词：URI；SICI；ISBN；ISSN；DOI

示例：

（标识符：http://www. nlc. gov. cn/）

包含：http://www. nlc. gov. cn/syzt/2011/0420/article_647. htm

编码体系修饰词：URI（统一资源标识符）

（资源 http://www. nlc. gov. cn/syzt/2011/0420/article_647. htm 为 http://www. nlc. gov. cn/的部分内容。）

7.2.12 版本继承

名称：is version of

出处：Dublin Core Terms：http://purl. org/dc/terms/

标签：版本继承

定义：所描述的资源是被指引资源的译本，修订本或改编本。版本的变化意味着是内容而不是格式有了实质的改变。

术语类型：元素修饰词

限定：关联（relation）

编码体系修饰词：URI；SICI；ISBN；ISSN；DOI

示例：

（名称：中国国家图书馆 · 中国国家数字图书馆）

（标识符：http://www. nlc. gov. cn/）

版本继承：http://www. nlc. gov. cn/old/

编码体系修饰词：URI（统一资源标识符）

7.2.13 后续版本

名称：has version

出处：Dublin Core Terms：http://purl. org/dc/terms/

标签：后续版本

定义：被指引的资源是所描述资源的译本、修改本或改编本等。

术语类型:元素修饰词

限定:关联(relation)

编码体系修饰词:URI;SICI;ISBN;ISSN;DOI

示例:

(名称:中国国家图书馆·中国国家数字图书馆)

(标识符:http://www.nlc.gov.cn/old/)

后续版本:http://www.nlc.gov.cn/

编码体系修饰词:URI(统一资源标识符)

7.2.14 格式转换于

名称:is format of

出处:Dublin Core Terms:http://purl.org/dc/terms/

标签:格式转换于

定义:所描述的资源与被指引资源有相同的知识内容,但用另一种形式表现出来。

术语类型:元素修饰词

限定:关联(relation)

编码体系修饰词:URI;SICI;ISBN;ISSN;DOI

示例:

(标识符:http://www.nlc.gov.cn/wlzy.pdf)

格式转换于:http://www.nlc.gov.cn/wlzy.doc

编码体系修饰词:URI(统一资源标识符)

(资源 http://www.nlc.gov.cn/wlzy.pdf 由资源 http://www.nlc.gov.cn/wlzy.doc 转换而来。)

7.2.15 格式转换为

名称:has format

出处:Dublin Core Terms:http://purl.org/dc/terms/

标签:格式转换为

定义:所描述的资源在被指引资源之前出现,被指引的资源在实质上与所描述资源有着相同的知识内容,只是格式不同。

术语类型:元素修饰词

限定:关联(relation)

编码体系修饰词:URI;SICI;ISBN;ISSN;DOI

示例:

(标识符:http://www.nlc.gov.cn/wlzy.doc)

格式转换为:http://www.nlc.gov.cn/wlzy.pdf

编码体系修饰词:URI(统一资源标识符)

(资源 http://www.nlc.gov.cn/wlzy.pdf 由资源 http://www.nlc.gov.cn/wlzy.doc 转换而来。)

7.2.16 被参照

名称:is referenced by

出处:Dublin Core Terms:http://purl. org/dc/terms/

标签:被参照

定义:被指引的资源参考、引用或以另外的方式指示了所描述的资源。

术语类型:元素修饰词

限定:关联(relation)

编码体系修饰词:URI;SICI;ISBN;ISSN;DOI

示例:

(标识符:http://www. nlc. gov. cn)

被参照:http://www. nlc. gov. cn/wlzy. pdf

编码体系修饰词:URI(统一资源标识符)

(资源 http://www. nlc. gov. cn 被资源 http://www. nlc. gov. cn/wlzy. pdf 参照。)

7.2.17 参照

名称:references

出处:Dublin Core Terms:http://purl. org/dc/terms/

标签:参照

定义:所描述的资源参照、引用或以其他方式指示了被指引的资源。

术语类型:元素修饰词

限定:关联(relation)

编码体系修饰词:URI;SICI;ISBN;ISSN;DOI

示例:

(标识符:http://www. nlc. gov. cn/wlzy. pdf)

参照:http://www. nlc. gov. cn

编码体系修饰词:URI(统一资源标识符)

(资源 http://www. nlc. gov. cn/wlzy. pdf 参照了资源 http://www. nlc. gov. cn/。)

7.2.18 被需求

名称:is required by

出处:Dublin Core Terms:http://purl. org/dc/terms/

标签:被需求

定义:对于被指引资源而言,所描述的资源或者在逻辑上、或者在物理上是必不可少的。

术语类型:元素修饰词

限定:关联(relation)

编码体系修饰词:URI;SICI;ISBN;ISSN;DOI

示例:

(名称:Apabi Reader 3.0)

被需求:Apabi 电子书库

7.2.19 需求

名称:requires

出处:Dublin Core Terms:http://purl. org/dc/terms/

标签:需求

定义:所描述的资源需要被指引资源支持它的功能、传送、或在内容上保持一致。

术语类型:元素修饰词

限定:关联(relation)

编码体系修饰词:URI;SICI;ISBN;ISSN;DOI

示例:

(名称:Apabi 电子书库)

需求:Apabi Reader 3.0

7.2.20 被替代

名称:is replaced by

出处:Dublin Core Terms:http://purl. org/dc/terms/

标签:被替代

定义:所描述的资源已被所指引的资源转移、代替或取代。

术语类型:元素修饰词

限定:关联(relation)

编码体系修饰词:URI;SICI;ISBN;ISSN;DOI

示例:

(标识符:http://dublincore. org/documents/2006/12/18/dcmi-terms/)

被替代:http://dublincore. org/documents/2008/01/14/dcmi-terms/

编码体系修饰词:URI(统一资源标识符)

(标识符为 http://dublincore. org/documents/2006/12/18/dcmi-terms/的资源被 http://dublincore. org/documents/2008/01/14/dcmi-terms/资源替代。)

7.2.21 替代

名称:replaces

出处:Dublin Core Terms:http://purl. org/dc/terms/

标签:替代

定义:所描述的资源取代、转移或代替了被指引的资源。

术语类型:元素修饰词

限定:关联(relation)

编码体系修饰词:URI;SICI;ISBN;ISSN;DOI

示例:

(标识符:http://dublincore. org/documents/2008/01/14/dcmi-terms/)

替代:http://dublincore. org/documents/2006/12/18/dcmi-terms/

编码体系修饰词:URI(统一资源标识符)

(标识符为 http://dublincore. org/documents/2008/01/14/dcmi-terms/的资源替代了 http://dublincore. org/documents/2006/12/18/dcmi-terms/资源。)

7.2.22 遵循

名称:conforms to

出处:Dublin Core Terms:http://purl. org/dc/terms/

标签:遵循

定义:资源遵循的一个已有标准。

术语类型:元素修饰词

限定:关联(relation)

编码体系修饰词:URI;SICI;ISBN;ISSN;DOI

示例:

遵循:国家图书馆核心元数据标准

(国家图书馆的网络资源的元数据规范遵循国家图书馆核心元数据标准。)

7.2.23 空间

名称:spatial

出处:Dublin Core Terms:http://purl. org/dc/terms/

标签:空间

定义:资源知识内容的空间特征。

术语类型:元素修饰词

限定:时空范围(location)

编码体系修饰词:DCMI point;GB/T 2659—2000;DCMI box;TGN

示例:

空间:name = Perth,W. A. ;east = 115. 85717;north = －31. 95301

编码体系修饰词:DCMI point

7.2.24 时间

名称:temporal

出处:Dublin Core Terms:http://purl. org/dc/terms/

标签:时间

定义:资源知识内容的时间特征。

术语类型:元素修饰词

限定:时空范围(location)

编码体系修饰词:DCMI period;GB/T 7408—2005

示例:

时间:Period name = 第二次世界大战;start:1939;end:1945

编码体系修饰词:DCMIPeriod

7.2.25 物理地址

名称:physical location

出处:Metadata Object Description Schema:http://www. loc. gov/mods

标签:物理地址

定义:用来标识网络资源的物理存放地址。

注释:可参见 http://www. loc. gov/standards/mods/mods-outline. html#physicalDescription。

术语类型:元素修饰词

限定:馆藏信息(location)

示例:

物理地址:国家图书馆互联网信息资源保存保护中心机房;webcrawler1/mnt/disk1/2008/BeijingOlympic

7.2.26 数字地址

名称:digital location

出处:Metadata Object Description Schema:http://www. loc. gov/mods

标签:数字地址

定义:用来标识网络资源的数字存放地址。

注释:例如某网络资源在本地服务器的地址。

术语类型:元素修饰词

限定:馆藏信息(location)

编码体系修饰词:URI

示例:

数字地址:http://210. 82. 118. 162:10001/wayback141/wayback141/20081110033724/http://www. beijing2008. cn/

7.3 编码体系修饰词

7.3.1 美国国会图书馆标题表

名称:LCSH

出处:http://lcweb. loc. gov/catdir/cpso/lcco/lcco. html

标签:美国国会图书馆标题表

定义:美国国会图书馆编制的一部大型综合性标题表。

注释:更多信息参见:http://lcweb. loc. gov/catdir/cpso/lcco/lcco. html。

术语类型:编码体系修饰词

编码体系应用于:主题(subject)

示例:

主题:SF1 - 1100 Animal culture

编码体系修饰词:LCSH

7.3.2 医学主题词表

名称:MeSH

出处:http://www. nlm. nih. gov/mesh/meshhome. html

标签:医学主题词表

定义:美国国立医学图书馆编制的专业叙词表,1960 年开始出版。

注释:有多个版本,多种译本。

术语类型:编码体系修饰词

编码体系应用于:主题(subject)

示例:

主题:Neoplasms

编码体系修饰词:MeSH

7.3.3 杜威十进分类法

名称:DDC

出处:http://www.oclc.org/dewey/index.htm

标签:杜威十进分类法

定义:美国杜威,M. 编制的综合性等级列举式分类法,分为详、简两种版本。

注释:更多信息参见:http://www.udcc.org/。

术语类型:编码体系修饰词

编码体系应用于:主题(subject)

示例:

主题:200 Religion

编码体系修饰词:DDC

7.3.4 美国国会图书馆分类法

名称:LCC

出处:http://lcweb.loc.gov/catdir/cpso/lcco/lcco.html

标签:美国国会图书馆分类法

定义:美国国会图书馆的综合性等级列举式分类法。

注释:更多信息参见:http://lcweb.loc.gov/catdir/cpso/lcco/lcco.html。

术语类型:编码体系修饰词

编码体系应用于:主题(subject)

示例:

主题:G Geography(General). Atlas. Maps

编码体系修饰词:LCC

7.3.5 国际十进分类法

名称:UDC

出处:http://www.udcc.org/

标签:国际十进分类法

定义:国际通用的多文种综合性文献分类法,目前由国际文献联合会(FID)统一主持对它的修订工作。

注释:更多信息参见:http://www.udcc.org/。

术语类型:编码体系修饰词

编码体系应用于:主题(subject)

示例：

主题:621 机械和电气工程

编码体系修饰词:UDC

7.3.6 中国分类主题词表

名称:CCT

出处:中国图书馆分类法编辑委员会. 中国分类主题词表. 第2版. 北京:北京图书馆出版社,2005

标签:中国分类主题词表

定义:是在《中国图书馆图书分类法》(含《中国图书资料法》)和《汉语主题词表》的基础上编制的对照索引式的分类标引、主题标引一体化的信息资源组织工具。

术语类型:编码体系修饰词

编码体系应用于:主题(subject)

示例：

主题:汉语理论与方法论

编码体系修饰词:CCT

7.3.7 汉语主题词表

名称:CT

出处:中国科学技术情报研究所,北京图书馆. 北京:科学技术文献出版社,1980

标签:汉语主题词表

定义:一部大型的、综合性的中文叙词表,包括了人类知识的所有门类,分3卷10个分册出版,共收叙词11万条。该词表主要供电子计算机系统存储和检索文献用,亦可用来组织卡片式主题目录和书本式主题索引。

术语类型:编码体系修饰词

编码体系应用于:主题(subject)

示例：

主题:经济管理

编码体系修饰词:CT

7.3.8 中国图书馆分类法

名称:CLC

出处:国家图书馆. 中国图书馆分类法. 第5版. 北京:国家图书馆出版社,2010

标签:中国图书馆分类法

定义:中国图书馆图书分类法简称“中图法”,是中国通用的大型综合性文献分类法。

术语类型:编码体系修饰词

编码体系应用于:主题(subject)

示例：

主题:G250

编码体系修饰词:CLC

7.3.9 GB/T 7408—2005

名称:GB/T 7408—2005

出处:中华人民共和国国家标准 GB/T 7408—2005 数据元和交换格式 信息交换 日期和时间表示法

标签:数据元和交换格式 信息交换 日期和时间表示法

定义:规定了公历日期和时间以及时间间隔的表示法。

术语类型:编码体系修饰词

编码体系应用于:日期(date);创建日期(created);发布日期(issued);修改日期(modified);采集日期(date captured);时空范围(coverage);时间(date)

示例:

日期:2010-10-12

编码体系修饰词:GB/T 7408—2005

7.3.10 DCMI Type

名称:DCMI Type

出处:http://purl.org/dc/dcmitype/

标签:DCMI 类型词表

定义:用来对资源内容的属性和种类进行分类的类型列表。

注释:DCMI 推荐,可参见:http://dublincore.org/documents/dcmi-type-vocabulary/。

术语类型:编码体系修饰词

编码体系应用于:类型(type)

示例:

类型:collection

编码体系修饰词:DCMI Type

7.3.11 IMT

名称:IMT

出处:http://purl.org/dc/terms/IMT

标签:IMT

定义:资源的因特网媒体类型。

注释:它定义了各种计算机媒体格式。可参见:http://www.iana.org/assignments/media-types/index.html。

术语类型:编码体系修饰词

编码体系应用于:格式(format)

示例:

媒体:multipart/mixed

编码体系修饰词:IMT

7.3.12 URI

名称:URI

出处:http://www.ietf.org/rfc/rfc3986.txt

标签:URI

定义:统一资源标识符。

注释:可参见 http://www.ietf.org/rfc/rfc2396.txt。

术语类型:编码体系修饰词

编码体系应用于:标识符(identifier);来源(source);关联(relation);包含(has part);包含于(is part of);版本继承(is version of);后续版本(has version);格式转换于(is format of);格式转换为(has format);被参照(is referenced by);参照(references);被需求(is required by);需求(requires);被替代(is replaced by);替代(replaces);遵循(conforms to);数字地址(digital location);采集地址(original location)

示例:

标识符:http://www.library.sh.cn

编码体系修饰词:URI

7.3.13 SICI

名称:SICI

出处:http://sunsite.berkeley.edu/SICI/

标签:SICI

定义:是 Serial Item and Contribution Identifier(连续出版物卷期及篇章识别号)的缩写,用来与 ISSN 配合,以辨识特定期刊的某一期或某一篇。

注释:更多信息参见:http://sunsite.berkeley.edu/SICI/。

术语类型:编码体系修饰词

编码体系应用于:标识符(identifier);来源(source);关联(relation);包含(has part);包含于(is part of);版本继承(is version of);后续版本(has version);格式转换于(is format of);格式转换为(has format);被参照(is referenced by);参照(references);被需求(is required by);需求(requires);被替代(is replaced by);替代(replaces);遵循(conforms to)

示例:

标识符:0288-0490(2000)40:6<270:RAOWGW>2.0.TX;2-C

编码体系修饰词:SICI

7.3.14 ISBN

名称:ISBN

出处:http://www.isbn.org/standards/home/isbn/international/index.asp

标签:ISBN

定义:英文 International Standard Book Number 的缩写,ISBN 是国际标准书号的简称,它是国际标准化组织于 1962 年公布的一项国际通用的出版物统一编号方法。

术语类型:编码体系修饰词

编码体系应用于:标识符(identifier);来源(source);关联(relation);包含(has part);包含于(is part of);版本继承(is version of);后续版本(has version);格式转换于(is format of);格式转换为(has format);被参照(is referenced by);参照(references);被需求(is required by);需求(requires);被替代(is replaced by);替代(replaces);遵循(conforms to)

示例:

标识符:978-7-5013-4604-2

编码体系修饰词:ISBN

7.3.15 ISSN

名称:ISSN

出处:http://www.issn.org/

标签:ISSN

定义:International Standard Serial Number 的缩写,即国际标准期刊号,是国际间赋予期刊的一套统一编号。

术语类型:编码体系修饰词

编码体系应用于:标识符(identifier);来源(source);关联(relation);包含(has part);包含于(is part of);版本继承(is version of);后续版本(has version);格式转换于(is format of);格式转换为(has format);被参照(is referenced by);参照(references);被需求(is required by);需求(requires);被替代(is replaced by);替代(replaces);遵循(conforms to)

示例:

标识符:1673-2286

编码体系修饰词:ISSN

7.3.16 DOI

名称:DOI

出处:International DOI Foundation

标签:DOI

定义:Digital Object Identifier 的缩写,由 International DOI Foundation 组织构造。是按一定规则为数字环境中的数字对象分配的、唯一的、永久性的标识,方便该对象被管理和使用。

术语类型:编码体系修饰词

编码体系应用于:标识符(identifier);来源(source);关联(relation);包含(has part);包含于(is part of);版本继承(is version of);后续版本(has version);格式转换于(is format of);格式转换为(has format);被参照(is referenced by);参照(references);被需求(is required by);需求(requires);被替代(is replaced by);替代(replaces);遵循(conforms to)

示例:

标识符:10.1134/S1061920808010020

编码体系修饰词:DOI

7.3.17 GB/T 4880.2—2000

名称:GB/T 4880.2—2000

出处:中华人民共和国国家标准 GB/T 4880.2—2000 语种名称代码 第2部分:3字母代码

标签:语种名称代码第2部分:3字母代码

定义:提供两组3字母代码用于代表语种名称,一组用于术语学应用,另一组用于目录学应用。

编码体系应用于:语种(language)

示例:

语种:eng

编码体系修饰词:GB/T 4880.2—2000

7.3.18 RFC 4646

名称:RFC 4646

出处:http://purl.org/dc/terms/RFC4646

标签:RFC 4646

定义:遵循 RFC 4646 构建的一组用来标识语言的标签。

注释:RFC 4646 用来代替 RFC 3066。

术语类型:编码体系修饰词

编码体系应用于:语种(language)

示例:

语种:zh-Hans

编码体系修饰词:RFC 4646

7.3.19 DCMI point

名称:DCMI point

出处:Dublin Core Terms:http://purl.org/dc/terms/

标签:DCMI point

定义:一种表示空间的方式,利用地理坐标来识别空间中的一个点。

注释:DCMI 推荐,可参见:http://dublincore.org/documents/dcmi-point/ 。

术语类型:编码体系修饰词

编码体系应用于:空间(spatial)

示例:

空间:name = Perth,W.A.;east = 115.85717;north = -31.95301

编码体系修饰词:DCMI point

7.3.20 DCMIBox

名称:DCMI box

出处:Dublin Core Terms:http://purl.org/dc/terms/

标签:DCMI Box

定义:一种表示空间的方式,用地理范围来表示一个空间区域。

注释:DCMI 推荐,可参见:http://dublincore.org/documents/dcmi-box。

术语类型:编码体系修饰词

编码体系应用于:空间(spatial)

示例:

空间:name = Western Australia;northlimit = -13.5;southlimit = -35.5;westlimit = 112.5;eastlimit = 129

编码体系修饰词:DCMI point

7.3.21 GB/T 2659—2000

名称:GB/T 2659—2000

出处:中华人民共和国国家标准 GB/T 2659—2000 世界各国和地区名称代码

标签:世界各国和地区名称代码

定义:世界各国和地区名称的代码。

术语类型:编码体系修饰词

编码体系应用于:空间(spatial)

示例:

空间:CN

编码体系修饰词:GB/T 2659—2000

7.3.22 TGN

名称:TGN

出处:http://www.getty.edu/research/tools/vocabulary/tgn/index.html

标签:TGN

定义:Getty 地理名称叙词表。

注释:可参见:http://www.getty.edu/research/tools/vocabulary/tgn/index.html。

术语类型:编码体系修饰词

编码体系应用于:空间(spatial)

示例:

空间范围:shanghai(inhabited place)(World,Asia,China,Shanghai Shi) [7023856]

编码体系修饰词:TGN

7.3.23 DCMI Period

名称:DCMI period

出处:Dublin Core Terms:http://purl.org/dc/terms/

标签:DCMI period

定义:如何对时间段进行界定的一种约定。

注释:DCMI 推荐,可参见:http://dublincore.org/documents/dcmi-period/。

术语类型:编码体系修饰词

编码体系应用于:时间(temporal)

示例:

时间:Period name = 第二次世界大战;start:1939;end:1945

编码体系修饰词:DCMI period

参考文献

[1] 赵亮等. 网络资源元数据规范[M]//我国数字图书馆标准规范专门数字对象描述元数据规范. http://cdls.nstl.gov.cn/mt/blogs/2nd/archives/docs/CDLS-S05-033%E7%BD%91%E7%BB%9C%E8%B5%84%E6%BA%90%E5%85%83%E6%95%B0%E6%8D%AE%E8%A7%84%E8%8C%83.pdf

[2] 电子文件元数据标准[EB/OL]. http://www.google.com.hk/url? sa=t&rct=j&q=%E7%94%B5%E5%AD%90%E6%96%87%E4%BB%B6%E5%85%83%E6%95%B0%E6%8D%AE%E6%A0%87%E5%87%86&source=web&cd=1&ved=0CGAQFjAA&url=http%3A%2F%2Farchives.hainan.gov.cn%2Fupload%2FUserFiles%2FFile%2F1206580606198.doc&ei=qdXaT9eCA6STiQfr8pidCg&usg=AFQjCNFJd5MC6b0FbK1qCumGa2BVBaSu1w

[3] 国家图书馆. 中文元数据方案[EB/OL]. http://218.240.136.35:8080/CMS/searcher/06/dmds.pdf

[4] Functional Requirement for Bibliographic Records[EB/OL]. http://en.wikipedia.org/wiki/Functional_Requirements_for_Bibliographic_Records

[5] DCMI abstract model[EB/OL]. http://dublincore.org/documents/abstract-model/index.shtml

[6] IAFA Templates in use as Internet Metadata[EB/OL]. http://www.w3.org/Conferences/WWW4/Papers/52/

[7] Dublin Core Metadata Initiative[EB/OL]. http://www.dublincore.org/index.shtml

[8] Metadata Object Description Schema[EB/OL]. http://www.loc.gov/standards/mods/

ISBN 978-7-5013-5756-7

定价：20.00 元